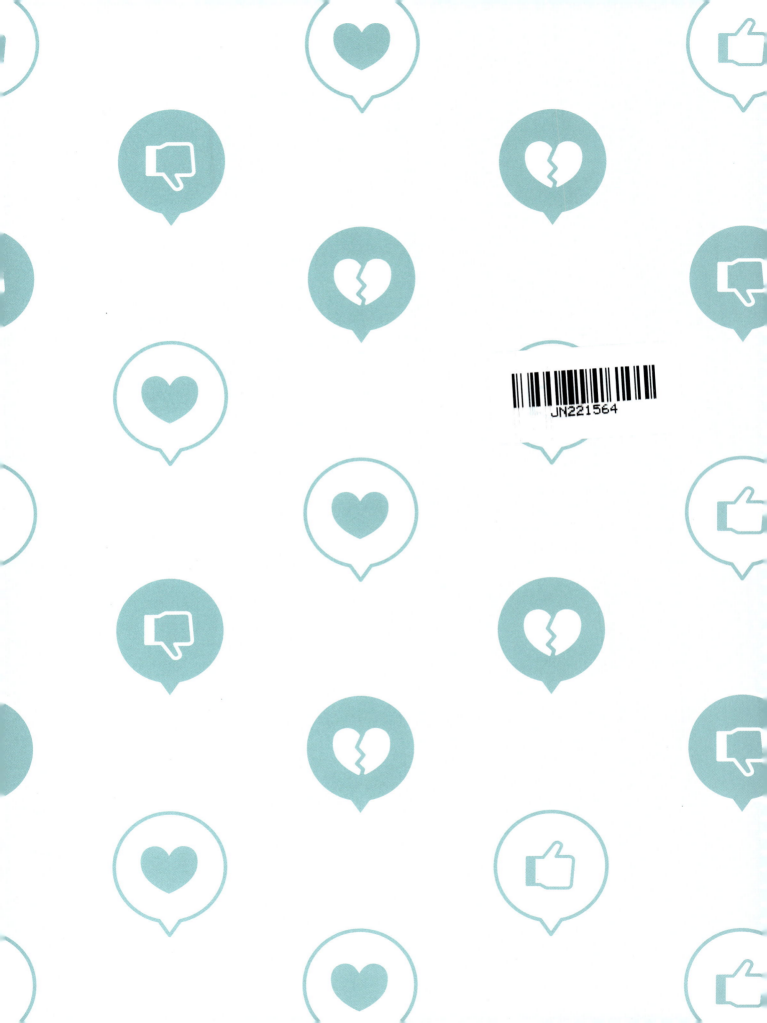

はじめに

最近、「ルッキズム」という言葉を目にしたり、耳にしたりすることがふえてきました。「ルッキズムは、人の見た目にかかわることがらで、批判するときにつかわれる言葉だということはなんとなく知っている。だけど、言葉の意味はあいまいにしか理解していない」という人が多く、そのため人によってつかい方や受けとり方がぜんぜんちがうようにも思えます。

そんなふうにあいまいな理解のまま、言葉だけがひとりあるきしているせいで、「かわいい・かっこいいとほめるのはいいことじゃないのか」「美しくなろうとしてなにが悪いのか」と疑問に思う人もいるかもしれません。あるいは、悪気はないのに「ルッキズムだ」といわれてムッとしたり、いわれたらどうしようとおびえたりしている人もいるかもしれません。けれど一方で、自分の見た目をとやかくいわれたり、みんなにとっての美しさをおしつけられるのにうんざりしている人だってたくさんいるでしょう。

この本は、こうした「ルッキズム」をめぐる疑問や不安や反発をときほぐし、見た目にまつわる生きづらさからあなたをときはなつことを目指しています。だれも傷つけず、だれからも傷つけられない社会をつくっていくために、いっしょに考えていきましょう。

監修　矢吹康夫

この本に登場するキャラクター

地球での姿だよ！

フィグ
M31星雲から日本の小学校に転入してきた。自由に姿をかえることができる。素直な性格で、みんなの意見をとりいれ、日本になじもうとがんばっている。フルード先生の家にホームステイ中。

フルード先生
M31星雲出身。日本の小学校で働いている。地球好きで、地球でくらすようになって長い。いろいろな国の歴史や文化にくわしい。

もくじ

地球へ向けてGO！　地球人に変身だ！ ……………………………………… 4
地球にやってきて大パニック！　日本の小学生ってどんな姿がいいの!? …… 6

1章　このモヤモヤはなんでしょう？
それがルッキズム！

身近なところにひそむルッキズム ………………………………………… 8
ルッキズムが引き起こすモヤモヤ ………………………………………… 10
どんな人もルッキズムの加害者・被害者になりうる！ ………………… 12
ルッキズムは世界中の課題！ ……………………………………………… 14
見た目の偏見によって起きる不平等 ……………………………………… 15
「ルッキズム」という言葉が生まれる前から続く、見た目の差別 …… 16
やってみよう！　ルッキズムさがし ………………………………… 18

2章　いろいろいわれてどんな姿がいいのかわからなくなりました
それがルッキズムの呪い！

じわじわむしばむモヤモヤ ………………………………………………… 20
悪意のない呪いの言葉 ……………………………………………………… 21
ルッキズムの呪いの影響 …………………………………………………… 22
ルッキズムが人を追いつめる ……………………………………………… 24
自分で自分を傷つけるルッキズム ………………………………………… 25
世界の問題にふれる！　ルッキズムのなかま!?「ism」って？ …… 26
ルッキズムをふっとばせ！　企業のとりくみ …………………………… 28
注目！　まずは見た目問題を知ってほしい！ ………………………… 30

なお

フィグが転入した学校のクラスメイト。のんびりした性格。たまに客観的な視点から、するどい意見をいってまわりをおどろかせる。

ゆうり

フィグが転入した学校のクラスメイト。しっかりもの。よくみんなを見て、気をまわしている。2次元アイドルのファンで、SNSもよく見る。

1章 このモヤモヤはなんでしょう？

フルード先生が宇宙人姿にもどって解説！

それがルッキズム！

ルッキズムは英語で「lookism」と書き、「look（見た目）」と「ism（主義）」をあわせた言葉（→26ページ）。見た目で判断して、差別することをさすんだ。「身長が高いほうがかっこいい」「細い子のほうがかわいい」というように、自分の見た目に口を出されてモヤモヤしたり、だれかと比べられて悲しい気持ちになったりした経験はないかな？　自分の思う「かっこいい」「かわいい」を相手に当てはめて評価することもまた、ルッキズムなんだ。

身近なところにひそむルッキズム

学校や家の中にもルッキズムがある！？

学校や家で、友だちやおうちの人に見た目についてなにかいわれたり、判断されたりして、モヤっとしたことはないかな？　たとえば、会話に出てくる「太ったね」「やせたね」や「〜らしくない」といった言葉など。
いわれたり、体験したりした人が嫌な気持ちになったなら、それがルッキズムの種かもしれない。

ルッキズムという言葉が生まれたことで、これまで気づかれなかった差別が意識されるようになってきた（→17ページ）。
しかし、今でも外見での差別はいろいろなところにひそんでいる。それは、学校や家の中など、身近なところにもあり、ルッキズムだと気づかれていないことが多いんだ。

学生らしく！

テレビやSNSでも見られるルッキズム

ルッキズムが起きたとき、起こした人に悪気はなかったということがある。それは、社会全体にはびこるかたよった考え方が原因なんだ。とくに、生まれ育った環境の影響は大きく、これまでの生活でゆるされてきた発言や行動が、じつはルッキズムだったということがある。

テレビやSNSなど、多くの人に影響をあたえる場所で、こうした悪気のないルッキズム問題が起きているよ。

アイドルのプロモーションでSNSが炎上

2023年、アイドルグループが歌のアルバム発売にあわせ、プロモーションのひとつとして、宣伝画像などをつくった。その中で、自分たちの姿を太ったように加工した画像をSNSにアップし、炎上。

画像をつくった人たちが、太っている人をバカにしたつもりはなくても、それを見て嫌な気分になった人がいたんだ。さらに、太っていることはからかいのネタにされやすく、ルッキズムの問題としてよくとりあげられてきたのに、まだこんなことをするんだという意見も出たよ。

オリンピックの開会式をもりあげようとしたネタが社会問題に

2021年、東京オリンピック・パラリンピックの開会式を担当していた演出家が、タレントの容姿をブタに見立てた演出を提案していたことが問題になった。

たとえタレント本人がよくても、外見をいじっておもしろがることは、それを見ているたくさんの人を傷つけてしまう。世界中の人が注目するイベントでまちがったおもしろさを広めてしまいかねないできごとで、国内外で大きくとりあげられたんだ。

かわっていく常識を更新、つまり、常識をアップデートできないまま行動する人がたくさんいるんだ！

ちゃんとアップデートしてー！

ルッキズムが引き起こすモヤモヤ

自分が気にしていることについては、「これはルッキズムだ」と気づけるけれど、気にしていないことについては気づけないことが多い。知らない間にルッキズムになるような言葉をつかったり、行動をしたりしているかもしれない。
「見た目にかんする言葉」と「いわれた人のモヤモヤした気持ち」をかるたにしたよ。自分にも当てはまるものはあるかな？

ルッキズムの声かるた

天　天パのぼく　あだ名はラーメン

一　一重だと目つき悪いといわれちゃう

ま　まゆ毛太いといわれてからぬくクセついた

出　出っ歯って悪口だから！

か　かわいいっていわれてもうれしくない

弟　「かっこいいよね」は弟にいって

1章 それがルッキズム!

髪が長いと女みたい?
ショートカットはどうなの?

ニキビが多くて
みんながニキビを見てる気がする

「**や**せなきゃ」っていってる子
だいたい細い

「**よ**く焼けてるね」
からかいまじりのひびきが嫌だ

もともと茶色いのに
髪そめてると思われる

「男の子なのに
ランドセル赤なんだ」
「なのに」って?

らしくないかな
そう思ってスカートはけない

大きいからって
いっぱい食べるわけではない

見た目に口出しされるの
嫌だなぁ……
宇宙人らしさってなんだろう……

どんな人もルッキズムの加害者・被害者になりうる！

どんな人も、無意識にルッキズムの加害者になる可能性はある。また、見た目が整っていることでルッキズムの被害にあうことだってあるよ。
ほめているつもり、楽しませているつもりで起こるルッキズムを見てみよう。

No.1 見てほしいのはそこじゃない！

美しすぎる〇〇

美しいからこそ、見た目ばかり注目されてきちんと能力が評価されないことがある。スポーツや勉強などでよい成果を残しても、「イケメンすぎるサッカー選手」や「美しすぎる研究者」といったふうに、見た目を中心にとりあげられてしまうんだ。

No.2 「美しさ」は見た目だけ？

ミス・ミスターコン

学校内などでもっともすてきな女性や男性を決める大会「ミス・ミスターコンテスト」。審査員は参加者に女らしさ、男らしさを求め、見た目で判断して順位をつけていることも多く、ルッキズムでは？ という声がふえているよ。

1章 それがルッキズム！

ほめているから
いいのかと思った

いわれた人が
よろこんでなかったり、
見ている人が不快に
なったりすることは
よくない！

No.3 美の基準であおる！

気持ちにつけこむCM

テレビや電車で見かける広告にも、ルッキズムになりかねない表現があふれている。「太っていること」や「脱毛をしていないこと」をよくないことのように表現し、「かわいくなりたい」「かっこよくなりたい」という気持ちにつけこんでくる場合も。

No.4 おもしろさを見いだされても

外見ネタ

芸人さんなどが外見の悪口で笑いをとることがある。ツッコミ役の人だけでなく、自分で自分をネタにすることもあるけれど、それを見て嫌な気持ちになる人もいるよね。最近ではそれらをルッキズムととらえて、外見のネタはへっているよ。

ルッキズムは世界中の課題!

ルッキズムは、日本だけでなく世界中で問題になっている。そして、「SDGs（持続可能な開発目標）」の中にも、ルッキズムにかかわるものがある。SDGsとは、だれもが安心して地球でくらし続けられるためにつくられた17個の目標。SDGs10番目の目標（SDGs10）は「人や国の不平等をなくそう」だ。
見た目による不平等、つまりルッキズムをなくすことは、この目標を達成するための課題のひとつなんだ。不平等の例や、SDGs10の実現のためのターゲットから、どんなルッキズムが起きているかを考えてみよう。

SDGs 10 人や国の不平等をなくそう

見た目がきっかけで起きる不平等がたくさんあるんだ

同じ国の中で、また国と国との間で起きている不平等をなくすことを目標としている。不平等なことには、たとえば、貧富の差、生活を守る社会保障の差、学ぶチャンスの差などがある。こうした不平等は、年齢や性別、障がい、人種、宗教などが原因となっている。

実現に向けた7つのターゲット

SDGs には17の目標を達成するため、目標ごとにターゲットがある。SDGs10には10個のターゲットがあり、10-1から10-7までの7つは達成目標、10-a、10-b、10-c の3つは目標を実現するための方法なんだ。ここでは7つの達成目標を大まかに紹介するよ。

不平等の例

年齢

若いことを理由に、給料に対して多すぎる仕事をおしつけられたり、歳を重ねていることで服装や趣味を制限されたりすることがある。

1 2030年までに給料が低い人たちが、もっとかせげるようにする

2 2030年までに性別や人種、立場などに関係なく、全員が社会や政治にかかわれるようにする

3 差別的な法律やならわしなどをなくす

見た目の偏見によって起きる不平等

見た目で年齢、人種、性別といったことを判断されて、それらに対する偏見（思いこみや決めつけ）から差別や不平等が起きている。たとえば、1960年ごろまで、アメリカの一部の州では有色人種に対する差別的な内容の法律がつくられ、バスや電車の座席は人種ごとにわけられていた。たくさんの人たちがたたかい、こうした不平等をなくしてきたけれど、いまだに見た目による差別、不平等はなくなっていないんだ。

いろいろな「性」

生物学的な男と女、異性を好きになるという以外にも「性」の形は多様だ。「LGBTQ＋」は、いろいろな性のあり方をあらわす言葉。Lはレズビアン（女性が女性を好きになること）、Gはゲイ（男性が男性を好きになること）、Bはバイセクシュアル（男性も女性も好きになること）、Tはトランスジェンダー（生まれたときにわりあてられた性別とちがう性別で生きること）、Qはクエスチョニング（性が決まっていないこと）、＋はそれ以外のさまざまな性を意味している。性を見た目で判断することはできないんだ。

不平等の例　性別

見た目の性別から「男らしさ」「女らしさ」を求められたり、多くの女性、男性と異なるかっこうをすると「気持ち悪い」「男のくせに」などといったひどい言葉をなげかけられたりすることがある。

不平等の例　障がい

身体に障がいのある人がお店に入れなかったり、イベントに参加できなかったり、入学や就職を断られたりすることがある。

不平等の例　人種

生まれもった皮フの色が原因でひどいあつかいを受けたり、外見の特徴をからかうような仕草でバカにされたりすることがある。

4 厳しい生活をしている人たちをサポートする政策をおこなう

5 お金にかんする不平等をなくすためのルールを整備する

6 発展途上国の参加や発言をふやして、だれもがなっとくできる制度をつくる

7 人びとが安全に、移住や移動をできるようにする

「ルッキズム」という言葉が生まれる前から続く、見た目の差別

今では世界中で注目されているルッキズムだけれど、外見を理由にした差別はずっと昔から存在していたんだ。見た目による差別にはどんなものがあったのか、ルッキズムという言葉はいつどうやって生まれたのかを見てみよう。

そして、ルッキズムに気づくことで生まれた「差別をなくすための行動」にはどんなことがあるのかを知ろう。

～1970年 「ルッキズム」の誕生前

見た目で一生閉じこめられて生活!?

日本では「ハンセン病」という皮フや体の一部が変化してしまう病気にかかった人たちが、見た目でこわがられ、まちがった知識で差別されていた。1900年ごろには、患者たちは療養所に入れられ、一生外に出られないようにされていたよ。

見た目が「悪い」と人前に出てはだめ!?

1970年ごろまでアメリカには「醜形法」という法律があり、見苦しいとされる病気や外見をもつ人は人前に出てはいけないことになっていた。生活の中で不利なあつかいやいじめを受けるだけでなく、社会全体が外見で人を差別することを認めてしまっていたんだ。

1970年代 「ルッキズム」の誕生

太っている人はだらしない!?

1970年代、アメリカで、太っている人への偏見をなくす運動が起きた。太っている人はだらしない、自分をコントロールできないなど、偏見をもたれていたんだ。ルッキズムという言葉は、この運動から生まれたといわれているよ。

1970年代〜現在 「ルッキズム」の誕生以降

見た目のよさで会社に入れるかが決まる!?

日本では、見た目で採用が左右される「顔採用」が昔からあるといわれている。最近では、SNSなどで顔採用の情報が広まり、採用されるために整形をする人、履歴書にはる写真を修正する人などがあらわれたんだ。

皮フの色で飛行機からおろされる!?

2024年、アメリカで黒人男性3人が飛行機から一時的におろされた。理由は、体臭にかんする苦情があったということだったが、おろされた人たちは「皮フの色以外に説明がなく、人種差別だ」とうったえたよ。

スポーツ観戦で差別発言!?

2024年、スペインのサッカーチームに所属するブラジル人選手が「皮フの色にじゃまされずプレーしたい」とうったえ。選手は試合中、「サル」とさけばれるなど、人種差別が続いていたそう。

ルッキズムとたたかう、さまざまな変化

「ルッキズム」という言葉から差別が意識されるようになり、それをなくそうとする流れが生まれているんだ！国によって問題がかわるので、ルッキズムをなくす対策はさまざまだよ。

履歴書から写真をなくす！
日本では顔採用をなくすため、履歴書の写真を不要にする会社がでてきている。さらに、性別の記入も不要とする会社もある。

職場で差別されることを防ぐ！
カナダでは「カナダ・オンタリオ州人権法典」により、職場での嫌がらせ（ハラスメント）や、性別、外見による差別を受けずに生活する権利を保障している。

ヨーロッパ全体で差別に対抗！
「ヨーロッパ人権条約」では、性別、人種、皮フの色、言語、宗教、政治的意見、出身などに関係なく、すべての人の人権を守ることが決められている。

サッカー界から差別をなくす！
1999年、ヨーロッパのサッカーにおける人種差別をなくすため、「欧州におけるサッカー反差別組織（FARE）」が誕生した。

ルッキズムという言葉が生まれたおかげで、外見で差別することが「悪いこと」だと認識されはじめたんだ

> やってみよう！

ルッキズムさがし

なにげない発言やちょっとしたからかいも、ルッキズムになってしまうことがわかったね。社会には、まだあまり気づかれていないルッキズムがたくさんひそんでいるんだ。みんなのまわりにも、だれかを嫌な気持ちにする言葉などがかくれていないかな？　身のまわりにひそむルッキズムをさがそう！

見つけよう　ルッキズムはどこにある？

どんなことがルッキズムになるか、意識しないと気づかない。SNSや街で見かける広告、おうちの人や友だちの発言など、「見た目」に関係するあれこれを集めてみよう。

さがし方 1

広告やCMに注目！
広告やCMにどんな特徴があるか考えよう。いろいろな広告やCMを集めて、比べてみると、共通点や「ルッキズムにあたるのでは」と思うことが見つかるかもしれない。ダイエットやコスメなど美容についての広告やCMには、ルッキズムを感じるものが多いかも！?

さがし方 2

身近な人の発言をまとめよう
自分もふくめ、まわりにいる人たちの行動や発言の中にもルッキズムはひそんでいる。見た目にかんする言葉を集めてみよう。どんな気持ちで発言したかは置いておき、ほめ言葉であっても見た目にかんする言葉であれば集めよう。

> 意識してみると、見た目にかんするものがたくさん見つかるね

考えよう これはルッキズム？

ルッキズムにあたるかどうか、感じ方は人によってさまざま。
自分はなんとも思わなくても、人によっては嫌だと感じることもある。
次の例をみんなはどんなふうに感じるかな？　いろいろな人の意見を聞いてみよう。

*意見を聞いてなっとくできなくてもいい！
「相手がどう思うかわからない」と
知ることがだいじなんだ！*

- [ ] 背が高いという理由で、毎回、黒板ふきの係になる
- [ ] 「女の子かと思った」といわれた
- [ ] 体育のときに、背の順に並ばなければいけない
- [ ] 花粉症でマスクをしていたら友だちに「マスク似合うね」といわれた
- [ ] 親せきのおじさん、おばさんは会うたび「大きくなったね」という
- [ ] アニメに登場する委員長役のキャラクターは、めがねをかけていることが多い
- [ ] お店でリボンの色をまよっていたら、「この色が似合いますよ」とおすすめされた
- [ ] お父さんに、「もっと牛乳を飲んで身長をのばせ」といわれた
- [ ] 見た目がこわそうな人がゴミを拾ってゴミ箱に捨てているのを見て、いい人かもと思った
- [ ] バスの中でお年寄りに席をゆずった
- [ ] 金髪のお姉さんに英語で話しかけたら、日本人だった
- [ ] 「ヘアスタイルがショートカットの子はサバサバしていることが多い」といわれた

1章　それがルッキズム！

2章 いろいろいわれてどんな姿がいいのかわからなくなりました

それがルッキズムの呪い！

「このほうがかわいい」「これかっこいい」「ふつうはこう」という
まわりの言葉を聞いているうちに、どんどん自分に自信がなくなって、
どんな見た目だったらいいのかわからなくなる。これが、ルッキズムのこわいところ。
まわりから変な目で見られたり、嫌なことをいわれたりすることが心配で、
ありのままの自分の見た目、自分が好きなかっこうをかくそうとしてしまう……。
ここではそんな状態を「ルッキズムの呪い」とよぶよ。

じわじわむしばむモヤモヤ

なにげないひとことでも、自分に向けられた言葉じゃなかったとしても、ルッキズムの呪いは気づかないうちに心の中でどんどん大きくなる。いじめや悪口みたいにあからさまな嫌がらせではないから、まわりの人も気づきにくいし、「やめて」と声をあげるのも勇気がいる。でも、ちょっとしたモヤモヤをがまんして、それがいくつも積み重なると、自信をうばわれてしまうんだ。

モヤモヤの種が植えられる → 種から根がのびて……

悪意のない呪いの言葉

いつのまにか自信をうばってしまう「ルッキズムの呪い」をかける言葉って、どんなものだろう。1章で考えた、ルッキズムになりうる言葉から、どんな種類があるのか考えてみよう。

1 気楽な発言にひそむ呪い

とくに意味のない発言、これまでよく聞いてきたことをそのまま言葉にしたものがルッキズムになることがある。
たとえば、「肌が白いときれい」「背が高くてかっこいい」「顔が小さくてスタイルがいい」。こんな言葉をなんども聞くうちに、いつのまにか自分でも発言するようになっていることがある。
その言葉は、発言した自分にも、聞いた人にも、呪いの言葉となって残っていくんだ。

2 「ふつう」にひそむ呪い

「ふつうは〇〇だよね」「ぜんぜんふつうだよ」など、「ふつう」という言葉がルッキズムの呪いになることは多い。
もし赤色のランドセルをつかっている男の子が、友だちに「男の子はふつう、黒か青のランドセルじゃない？」といわれたら、自分はふつうとちがっておかしいんだと思ってしまうかも。
「ふつう」という言葉をつかって、自分が当たり前だと思っていることを人におしつけたら、それは呪いになってしまうよ。

3 からかいネタにひそむ呪い

見た目からつけられるあだ名や、見た目をいじった言葉はルッキズムになりがちだ。なかよくなるために、あだ名をつけあうことになったとき、「肌が黒いからクロね」「歯が出ているから出っ歯ね」など名づけられたとする。さて、なかよくなれそうかな？
悪気はなくても、見た目をからかうなど、外見の特徴をおもしろいこととしてあつかうと、その言葉は呪いになってしまうことがあるんだ。

2章 それがルッキズムの呪い！

呪いがかかる
モヤモヤの根がびっしり

モヤモヤの根をとりのぞくのは、なかなか大変そうだね

テレビやSNSなどの映像や画像が呪いをかけてくることもあるぞ～

ルッキズムの呪いの影響

身のまわりにひそんでいるルッキズムの呪いに気づけるようになってきたかな？
もしこの呪いにかかったら、どんな問題が起きてしまうんだろう。もしかしたらきみも、気づかないうちに呪いの影響を受けてしまっているかもしれない……。

マスクをした状態になれたら、
マスクをはずせなくなってしまった。マスクをしていると、顔がかくれて安心するし、マスクをはずしたときに、みんなからどう思われるかが気になる。

自分の見た目に自信がないから、
写真をとられるのが嫌だし、こわい。みんなで写真に写るときは、なるべく目立たない場所に入るようにしている。

やせたい、やせたいと思っていたら、
給食をあまり食べられなくなった。

身長が低いことを気にしていたら、
底が厚いくつばかりはくようになってしまった。

鏡よ鏡、ルッキズムの呪いを見せて！

2章 それがルッキズムの呪い！

男の子みたいなかっこうが多かったから、
かわいい服を着たらだめな気がする。だから、いつもおなじようなズボンとTシャツになる。

ムダ毛がはずかしいから、
夏が嫌い。毛のはえやすさや濃さは人それぞれちがうのに、処理をするのがマナーみたいになっているせいで、まわりから毛が多いことについてなにかいわれそう。うでや足が出る服を着たくない。

歯並びが気になって、
話すときに口元を手でかくしてしまう。

目つきがこわいと思われないように、
目が悪いわけでもないのに、めがねをかけるようになった。笑うときは目を細めるようにしている。

ルッキズムの呪いはずっと心に残るから、いつのまにか行動にも影響をあたえてしまうんだ

ルッキズムが人を追いつめる

ルッキズムの呪いには大きな危険もひそんでいるんだ。長い間ルッキズムに苦しんだり、深く傷つく経験をしたりしてしまうと、とりかえしがつかなくなってしまうことも。ルッキズムがどんなに人を追いつめてしまうか、学んでおこう。

太ることがこわくて、ごはんが食べられない！？

体型を否定するようなことをいわれたせいで、「やせなくちゃ」という気持ちが強くなりすぎて、食事ができなくなってしまう人がいる。ぜんぜん太っていなくても、やせようとするのをやめられなくなるんだ。こうした症状の病気を「拒食症」というよ。拒食症になると、食べられないだけでなく、食べたものを無理にはきだそうとしたり、薬をつかって体の外に出そうとしたりすることもある。必要な栄養がとれないから、体温が下がったり、病気になりやすくなったりする。

自分の顔を好きになれなくて、整形をやめられない！？

自分の顔をだれかと比べられたり、バカにされたりして傷ついた人の中には、もう傷つかないために、たくさんのお金をかけて美容整形をくりかえす人もいる。美容整形でコンプレックスがなくなったと思っても、また、次に気になるところが見つかり、整形をやめられなくなるんだ。
一度かけられたルッキズムの呪いはかんたんにはとけないから、自分の顔をなかなか好きになれない。つらい痛みや失敗の危険を背負っても、自分の顔をかえ続けるほど追いつめられてしまうのが、ルッキズムのこわさなんだ。

理想や一般的な見た目から遠いと感じるほど、苦しくなってくるよ……

2章 それがルッキズムの呪い！

自分で自分を傷つけるルッキズム

だれかにかけられたルッキズムの言葉を、知らないうちに、自分で強めて呪いにしてしまうこともある。見た目を否定されて、ありのままの自分でいいと認める気持ち「自己肯定感」が下がると、どんどん自分のことが嫌になってしまうんだ。

コンプレックスから思うように動けなくなる！？

コンプレックスで自分に自信がなくなると、人の意見や視線を必要以上に気にするようになる。そのせいで、自分の好きな色の服を着られなくなったり、やってみたい髪型や好きなもちものを楽しめなくなることもあるんだ。
また、本当はつらいのに自分のコンプレックスをおもしろおかしく話したり、ぎゃくにだれかの見た目をバカにして攻撃してしまったりすることもある。さらにひどい場合、人から見たら気にならないようなことで、「自分はみにくい」「みんなよりおとっている」と考えすぎてしまう心の病気「醜形恐怖症」になることもあるんだ。

一度経験したルッキズムは、
自分もまわりも苦しめて
しまうことがあるんだね……

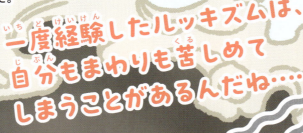

世界の問題にふれる！ルッキズムのなかま!?「ism（イズム）」って？

ルッキズムを英語で書くと"lookism"。「〜 ism」は日本語では「〜主義」といって、自分が信じたり、大切にしたりしている考え方や立場のことをいう。ismは、ときと場合によって「必要な区別」にも、「一方的な差別」にもなる。自分の考えを大切にするあまり、人にその考えをおしつけたり、相手を傷つけたりしたら、それは、問題のある「ism」だ。

知っておこう！ 問題となる「ism（イズム）」

この本のテーマである「ルッキズム（lookism）」も、問題となる ism のひとつ。差別につながる ism には、ほかにどんなものがあるか見てみよう。

racism（レイシズム）
人種差別

レイシズムは生まれや皮フの色など人種（race）を重要視する考え方。アジア人に対する差別、黒人差別などがある。人種で人の優劣をつけたり、自分とは異なる人種を攻撃したりするレイシズムは、昔から大きな問題になっている。

ageism（エイジズム）
年齢差別

エイジズムは年齢（age）を重要視する考え方。「子どもなのに生意気だ」という言葉や、自分のことを「もう歳だから……」という言葉は、相手や自分を嫌な気持ちにさせるね。

sexism（セクシズム）
性別による差別

セクシズムは、男性、女性など、生物学的な性別（sex）を重要視する考え方。行動や発言に男性らしさ、女性らしさを求めたり、性別によって挑戦しにくい仕事があったりすることは、セクシズムの問題点なんだ。

日本人がしばしば外国の人からもたれるイメージ、「めがね」「忍者」「さむらい」もレイシズムのひとつだ

表現をかえる！ポリティカル・コレクトネス

差別や偏見をなくすために、言葉からかえていこうという動きがあるよ！
こうした動きを「ポリティカル・コレクトネス」という。差別になるような言葉や表現を直そうという考え方をもとにした動きなんだ。とくに、性別や人種での差別や決めつけをなくして、すべての人が嫌な気持ちにならない表現を目指しているよ。
ポリティカル・コレクトネスによっていいかえられた言葉には、こんなものがある！

みんながつかえる言葉だね！

彼氏、彼女
↓
恋人、パートナー

男、女、そして、上下関係を感じさせないよび方にかわったんだ。

カメラマン
↓
フォトグラファー

男性をさす「マン」という言葉をつかわなくなったよ。

ビジネスマン
↓
ビジネスパーソン

スチュワード、スチュワーデス
↓
キャビンアテンダント

以前は、男性客室乗務員を「スチュワード」、女性客室乗務員を「スチュワーデス」といっていたよ。

看護婦
↓
看護師

「婦」という字が女性をさすから、男性、女性どちらにも当てはまる言葉にしたんだ。

中学校や高校などの制服も、スカートかズボンか性別にかかわらず選べるようになってきてるよね

ルッキズムを ふっとばせ！ 企業のとりくみ

見た目について悲しい思いをする人をへらすために、いろいろな企業が、ありのままの見た目を好きになれるようなとりくみをすすめている。化粧品や服、言葉やイラストの表現方法など、「どんな人も疎外されないこと」「どんな見た目のちがいも認めあうこと」を大切にするようになってきているんだ。

自分にぴったりの サービスや商品に であえそうだね！

宇宙人 アイコンも ほしいなあ

チェンジ！
CHANGE!

絵文字で 壁をなくす

アメリカの企業 Apple では、iPhone でつかわれる絵文字を、どんな見た目の人にも当てはまるように表現をアップデートした。
たとえば、車いすや、目の不自由な人がつかう白杖などの絵文字を追加したり、人物の皮フの色や髪の色の種類をふやしたりしている。絵文字を多種多様にすることで、どんな人も平等にあつかうようなとりくみがなされているんだ。

2章 それがルッキズムの呪い！

CHANGE！ チェンジ！

どんな髪もわたしらしさ！

トータルビューティケアブランド「LUX」は、髪色や髪型への偏見やルールをなくし、どんなヘアスタイルも楽しめるような社会を目指して、「#BeHairself 私らしく輝く髪へ」というテーマを発表した。

男性らしい、女性らしい髪型という決めつけや、学校や会社での明るい髪色に対するマイナスなイメージはまだまだ存在している。そんな古い考えのルッキズムから自由になって、どんなヘアスタイルも認めあうことで、みんなが自信をもって自分らしくいられるような社会を目指しているんだ。

CHANGE！ チェンジ！

地球にも人にもやさしいくつ

くつのブランド「Kesou」は、地球環境の課題とお客さんの悩みの解決を目指し、くつづくりをしている。そうしてつくられるくつは、捨てられるはずのペットボトルを回収してつくられた糸をつかい、はく人が痛みをがまんしなくていいくつ下のようなはきごこち。さらに、はば広いサイズのくつをつくることで、多くの人が無理せず、おしゃれを楽しめるようになった。

注目！ まずは見た目問題を知ってほしい！

株式会社アンド・コスメの加登さんと、NPO法人マイフェイス・マイスタイル（以下、マイフェイス）の外川さんにお話を聞いたよ。アンド・コスメは、「もっと自由に、自然体で自分らしさを楽しめるように」という考えのもと、固定観念をうちやぶるような男性用化粧品ブランドを展開している。そして、マイフェイスは、あざや傷、変形など見た目に対する差別や偏見（見た目問題）をなくすために活動しているよ。ふたりはいっしょに写真展をしたことがあるんだ。写真展をとおして、どんなことを感じたのかな。

教えてくれる人

株式会社アンド・コスメ
加登愛子さん

株式会社アンド・コスメの創業者のひとり。メンズコスメブランド「BOTCHAN」を製造、販売している。ブランドスローガン "LOOK BEYOND.「男らしく」を脱け出そう" という考えのもと、これまでのメンズコスメのイメージをこえたブランドを展開している。

教えてくれる人

NPO法人
マイフェイス・マイスタイル
外川浩子さん

NPO法人マイフェイス・マイスタイル代表。生まれつきあざのある人、事故やけがで顔などが変形した人、髪の毛がぬけた人などがぶつかる「見た目問題」を解決するために活動している。だれもが自分らしい顔で自分らしい生き方を楽しめる社会の実現を目指し、講演会や写真展などをおこなっている。

アンド・コスメとマイフェイスがいっしょにおこなった写真展は、どんな写真展だったんですか？

加登さん　生まれつき顔にあざがある人、病気で顔が変形した人など、「見た目問題」にぶつかる人にモデルになってもらった写真を展示しました。

マイフェイスは「見た目問題」をなくすために活動しているんですよね？

外川さん　はい。わたしたちは、<u>あざや傷、変形など見た目で差別を受けること</u>を「見た目問題」とよび、この問題をとても<u>大きな社会的問題</u>と考えています。

2章 それがルッキズムの呪い！

写真展のようすだよ
すてきな表情だね！

傷や変形などは、命にかかわることでもないため、「たかが見た目のこと」と軽くあつかわれてきました。そのため、見た目で差別されて不利益をこうむっている人がいるのに、問題としてあがってきませんでした。こうした問題があることをひとりでも多くの人に知ってもらいたいと思っています。

写真展にはどんな人が見にきてくれましたか？

加登さん：同じように見た目問題にぶつかっている人から、そうした問題があることを知らない人まで、いろいろな人が見にきてくれましたね。はば広い人たちがきてくれて、こうした問題があることを多くの人に知ってもらえたのはよかったです。

写真展の感想を教えてください。

外川さん：撮影中、モデルの人たちが本当に楽しそうでした。スタイリストさんが服を選んでくれて、モデルの人たちの新たな魅力が引き出されていましたね。写真展を見にきてくれた人が「かっこいい！」「いいね！」といってくれたのが、うれしかったです。

加登さん：見た目の症状があると、「苦労しているだろう」など、ネガティブなイメージをもたれることが多いですが、写真展をとおして、「症状がある人たちも楽しく生活しているよ」ということが伝わったと思います。

みんなへのメッセージ

いろいろな心、体の人がいる。
見た目もちがって当たり前！

身近な世界から飛び出して、
いろいろな人を知るのが
大切なんだね！

31

監修 矢吹康夫 やぶき やすお

立教大学大学院社会学研究科博士後期課程満期退学。博士（社会学）。日本学術振興会特別研究員などを経て、中京大学教養教育研究院講師。日本アルビニズムネットワーク・スタッフ。おもな著書に『私がアルビノについて調べ考えて書いた本 当事者から始める社会学』（生活書院）／「履歴書の顔写真が採用選考の判断に及ぼす影響 企業人事を対象とした履歴書評価実験の結果概要の報告」（科学研究費補助金研究成果報告書）／『レイシャル・プロファイリング 警察による人種差別を問う』（共著／大月書店）などがある。

スタッフ
編集・制作 ● ナイスク　https://naisg.com（松尾里央、岡田かおり）
制作協力 ● 山口櫻
イラスト ● ゆみ・こけもも
装丁・デザイン・DTP ● 大橋麻耶（maya design room）
校正協力 ● 株式会社ぶれす

取材・写真・資料提供
※順不同
株式会社アンド・コスメ、NPO法人マイフェイスマイスタイル、株式会社丸井グループ、ユニリーバ・ジャパン・カスタマーマーケティング株式会社、PIXTA

参考資料
「現代思想2021年11月号 特集＝ルッキズムを考える」（青土社）／「THINK 司法書士論叢 会報第122号」（日本司法書士会連合会）／『ジェンダー目線の広告観察』（現代書館）／『そのカワイイは誰のため？ルッキズムをやっつけたくてスリランカで起業した話』（イカロス出版）／『人は見た目！と言うけれど 私の顔で、自分らしく』（岩波書店）／『見た目が気になる「からだ」の悩みを解きほぐす26のヒント』（河出書房新社）／『欲望の鏡 つくられた「魅力」と「理想」』（花伝社）

人は見た目！？
ルッキズムの呪いをとく！
❶ ルッキズムって知ってる？

2024年10月　初版第1刷発行
2025年4月　初版第3刷発行

発行者　吉川隆樹
発行所　株式会社フレーベル館
　　　　〒113-8611　東京都文京区本駒込6-14-9
　　　　電話　営業 03-5395-6613
　　　　　　　編集 03-5395-6605
　　　　振替 00190-2-19640
印刷所　TOPPANクロレ株式会社

32P／29×22cm／NDC360
ISBN978-4-577-05306-5
© フレーベル館 2024
Printed in Japan

本書の無断複製や読み聞かせ動画等の無断配信は著作権法で禁じられています。
乱丁・落丁本はおとりかえいたします。
フレーベル館出版サイト　https://book.froebel-kan.co.jp

どうしてルッキズムなんてあるんだろう

次の巻では、ルッキズムが発生するメカニズムを調べてみよう！

人は見た目!? ルッキズムの呪いをとく！

全3巻

1 ルッキズムって知ってる？

見た目で差別される「ルッキズム」。身近な問題から、「ルッキズム」という言葉の歴史や、ルッキズムが生み出すさまざまな問題まで紹介。「ルッキズム」とはなにかがわかる！

2 ルッキズムが起きるわけ

無意識のうちにすりこまれていることが多いルッキズム。気づかないまま、加害者にも、被害者にもなってしまう可能性が……。ルッキズムはどうして起きるのだろう？　ルッキズムが起きる背景を探ろう！

見た目ってそんなに大事なの～？

3 脱ルッキズム！ぶれない自分になる！

社会がつくり出すルッキズムに流されないためには、どうしたらいいのだろう。自分の軸を見つけるヒントを紹介。見た目にこだわりすぎず、自分やまわりの人がここちよくすごせるスタイルを見つけよう！

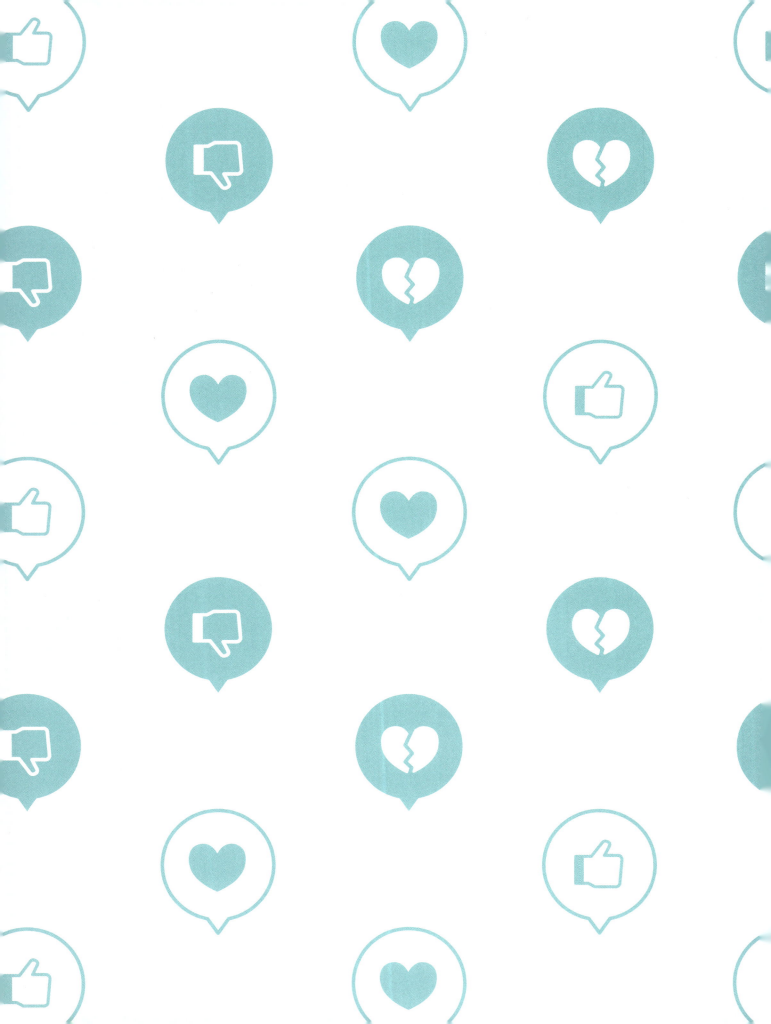